1000 DINGE DIE WIR TUN

Spielend lernen mit Bildern und Sätzen

W0402469

Pawlak

Inhalt

© 1991 Manfred Pawlak Verlagsgesellschaft mbH
Herrsching
Alle Rechte vorbehalten

Text und Illustration: Uschi Müller und Carola Väth, München
Printed in Italy
ISBN 3-88199-785-7

Vorwort

Tätigkeiten bestimmen unser tägliches Leben. Die Verben (Tunwörter) nehmen neben den Hauptwörtern die wichtigste Stelle im Sprachschatz ein, den wir für die Verständigung mit anderen Menschen brauchen.

Dieses Buch hilft den Kindern, ihren Wortschatz zu erweitern und so besser ihre Erlebnisse und Beobachtungen zu beschreiben. Es ist in 45 Kapitel gegliedert, die in Wort und Bild typische Tätigkeiten zu einem Thema zeigen.

Kurze, leicht verständliche Sätze regen das Kind zum Nacherzählen an. In den Abbildungen wird es vieles wiederfinden, das ihm aus dem Alltag oder den Ferien bekannt ist. Aber es wird auch Situationen oder Tätigkeiten entdecken, die ihm noch nicht aus eigener Erfahrung vertraut sind. Auch dafür erlernt es spielend die passenden Wörter und lernt, sie richtig zu gebrauchen.

Wir wünschen Eltern und Kindern viel Vergnügen mit diesem lebendig illustrierten und auf vergnügliche Weise lehrreichen Buch über 1000 Dinge, die wir tun!

Morgens aufstehen

schlafen
Sandra *schläft* noch.

scheinen
Die Sonne *scheint* ins Zimmer.

hereinkommen
Mutter *kommt herein.*

aufstehen
Stefan *steht auf.*

drücken
Mutter *drückt* die Türklinke herunter.

aufhören
Der Wecker *hört auf* zu klingeln.

schlüpfen
Er *schlüpft* in seine Hausschuhe.

kitzeln
Katja *kitzelt* Linda an den Füßen.

wecken
Katja *weckt* Linda auf.

liegen
Linda *liegt* noch im Bett.

öffnen
Mutter *öffnet* das Fenster.

aufwachen
Willi *wacht auf.*

klingeln
Der Wecker *klingelt.*

strecken
Stefan *streckt* sich.

kuscheln
Willi *kuschelt* mit seinem Teddybären.

liebkosen
Mutter *liebkost* das Baby.

heben
Mutter *hebt* das Baby aus dem Kinderbett.

bleiben
Britta *bleibt* im Bett.

ertönen
Die Musik *ertönt* aus dem Radio.

einschalten
Stefan *schaltet* das Radio *ein.*

lüften
Mutter *lüftet* die Bettdecke an der frischen Luft.

krabbeln
Das Baby *krabbelt* auf dem Boden.

Im Badezimmer

baden
Britta *badet* ihren Teddybären.

schampunieren
Sandra *schampuniert* sich die Haare.

schrubben
Mutter *schrubbt* Stefan den Rücken.

rubbeln
Frank *rubbelt* sich trocken.

einseifen
Stefan *seift* sich das Gesicht *ein*.

ausspülen
Sandra *spült* sich den Mund *aus*.

putzen
Petra *putzt* sich die Zähne.

gurgeln
Gabi *gurgelt* mit Wasser.

tupfen
Tina *tupft* sich Parfüm auf die Hand.

abschneiden
Mutter *schneidet* Sandra die Haare *ab*.

zudrehen
Doris *dreht* den Wasserhahn *zu*.

verhindern
Sie *verhindert* eine große Überschwemmung.

tropfen
Der Wasserhahn *tropft*.

frottieren
Sandra *frottiert* sich die Haare.

fönen
Tina *fönt* Sandra die Haare.

duschen
Doris *duscht* sich in der Dusche.

blicken
Sandra *blickt* in den Spiegel.

strahlen
Die Zähne *strahlen* weiß.

rasieren
Vater *rasiert* sich die Bartstoppeln.

wickeln
Mutter *wickelt* das Baby.

pudern
Sie *pudert* den Babypopo.

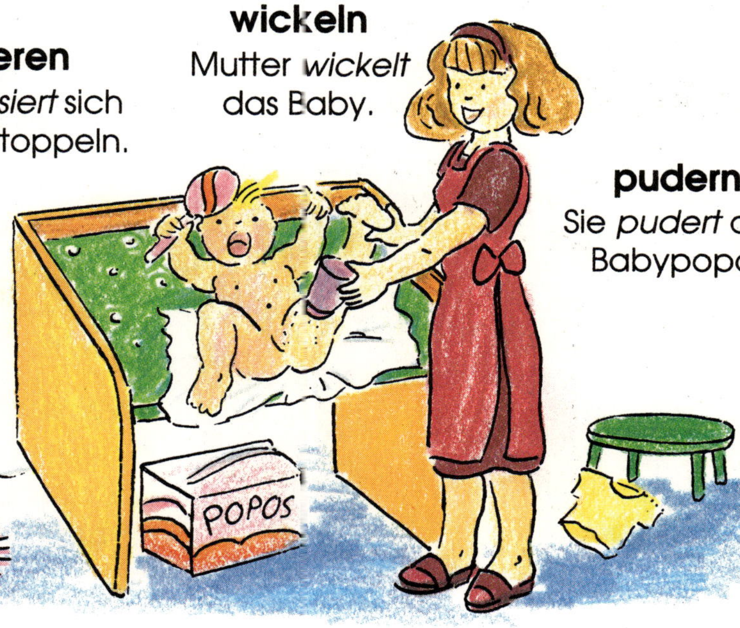

überschwemmen
Das Wasser *überschwemmt* den Boden.

überlaufen
Das Badewasser *läuft über.*

herbeieilen
Eddi *eilt herbei* und hilft.

aufwischen
Willi *wischt* das Wasser *auf.*

auswringen
Willi *wringt* den Lappen *aus.*

Kleidung anziehen

umhängen
Britta *hängt* sich die Kette *um*.

besitzen
Britta *besitzt* eine Perlen-Kette.

kämmen
Gabi *kämmt* sich die Haare.

flechten
Frank *flicht* Gabi einen Zopf.

aufmachen
Markus *macht* den Schrank *auf.*

herausziehen
Hans *zieht* die Schublade *heraus*.

versuchen
Das Baby *versucht* die Schublade zu öffnen.

dehnen
Doris *dehnt* mit Tina die Strumpfhose.

abspringen
Der Knopf *springt ab*.

einstecken
Stefan *steckt* ein Taschentuch *ein*.

betrachten
Britta *betrachtet* sich im Spiegel.

aussuchen
Sandra *sucht* sich die rote Hose *aus.*

anziehen
Anja *zieht* sich grüne Schuhe *an.*

verwechseln
Veronika *verwechselt* ihre Schuhe.

schnüren
Sie *schnürt* ihre Schuhe.

anknöpfen
Andi *knöpft* sich den Hosenträger *an.*

hängen
Hans *hängt* den Schal an den Haken.

zuziehen
Klaus *zieht* den Reißverschluß *zu.*

passen
Die blauen Schuhe *passen* zur blauen Jacke.

zuknöpfen
Katja *knöpft* die Jacke *zu.*

hochschlagen
Sandra *schlägt* den Kragen *hoch.*

bürsten
Britta *bürstet* Willis Mantel.

umwickeln
Willi *wickelt* sich den Schal *um.*

Frühstücken

tunken
Tina *tunkt* das Hörnchen in den Kakao.

schneiden
Klaus *schneidet* das Brot.

kleckern
Katja *kleckert* Marmelade auf die Tischdecke.

bestreichen
Britta *bestreicht* das Brot zuerst mit Butter.

toasten
Toni *toastet* das Toastbrot.

halbieren
Hans *halbiert* die Orange.

belegen
Britta *belegt* das Butterbrot mit Salami.

auspressen
Petra *preßt* eine Orange *aus*.

zubereiten
Britta *bereitet* das Pausebrot *zu*.

naschen
Julia *nascht* aus dem Honigtopf.

deuten
Doris *deutet* auf die Zuckerdose.

geben
Gabi *gibt* Doris die Zuckerdose.

benützen
Mutter *benützt* zum Kaffeekochen die Kaffeemaschine.

auflösen
Der Zucker *löst* sich im Kakao *auf.*

verschütten
Mutter *verschüttet* den Kaffee.

einschenken
Mutter *schenkt* den Kaffee *ein.*

stoßen
Stefan *stößt* mit dem Arm an die Tasse.

trinken
Das Baby *trinkt* aus der Flasche.

abbrechen
Der Henkel *bricht ab.*

rinnen
Die Milch *rinnt* auf den Fußboden.

auflecken
Die Katze *leckt* die Milch *auf.*

miauen
Die Katze *miaut* zufrieden.

Kochen und Backen

fritieren
Frank *fritiert*
Pommes frites.

schmoren
Der Braten
schmort im
Ofen.

panieren
Petra *paniert*
die Schnitzel.

trennen
Tina *trennt*
die Eier.

kneten
Katja *knetet*
die Knödel.

pellen
Petra *pellt* die
Kartoffeln.

hochwerfen
Hans *wirft* den
Pfannkuchen *hoch*.

umdrehen
Hans *dreht* den
Pfannkuchen *um*.

füllen
Frank *füllt* den
Topf mit Wasser.

kochen
Die Kinder *kochen*
eine Suppe.

umrühren
Rudi *rührt*
die Suppe *um*.

salzen
Er *salzt* die
Suppe.

überquellen
Der Teig *quillt über.*

quirlen
Mutter *quirlt* die Eier.

hinzufügen
Hans *fügt* die Backzutaten *hinzu.*

mahlen
Markus *mahlt* Nüsse.

erhitzen
Der Wasserkocher *erhitzt* das Wasser.

ausstechen
Stefan *sticht* Plätzchen *aus.*

aufgießen
Gabi *gießt* den Tee *auf.*

auswalzen
Rudi *walzt* den Teig *aus.*

überkochen
Die Suppe *kocht über.*

würzen
Willi *würzt* die Suppe.

probieren
Er *probiert* die Suppe.

schälen
Sandra *schält* den Apfel.

einkochen
Mutter *kocht* Früchte *ein.*

Essen und Trinken

vermengen
Veronika *vermengt* den Salat.

füttern
Frank *füttert* das Baby.

schmatzen
Das Baby *schmatzt* beim Essen.

eingießen
Gabi *gießt* Limonade *ein.*

überschäumen
Die Limonade *schäumt über.*

schöpfen
Mutter *schöpft* die Suppe in die Teller.

aufteilen
Mutter *teilt* die Portionen *auf.*

anordnen
Andi *ordnet* das Besteck *an.*

decken
Doris *deckt* den Tisch.

auskratzen
Katja *kratzt* den Topf *aus.*

abbeißen
Britta *beißt* ein Stück Fleisch *ab.*
dampfen
Die Knödel *dampfen.*
weigern
Willi *weigert* sich etwas zu essen.
kauen
Sie *kaut* das Fleisch.
schmecken
Sandra *schmeckt* das Dessert.
essen
Rudi *ißt* mit Messer und Gabel.
stellen
Stefan *stellt* die Knödel auf den Tisch.
verschränken
Willi *verschränkt* die Arme.
zerkleinern
Rudi *zerkleinert* seinen Knödel.
austrinken
Tina *trinkt* die Limonade *aus.*
löffeln
Linda *löffelt* ihre Suppe.
betteln
Der Hund *bettelt* um Knochen.

In der Küche

lagern
Mutter *lagert* die Bonbons auf dem Schrank.

klauen
Klaus *klaut* sich ein Bonbon.

stapeln
Sie *stapelt* die Teller.

lehnen
Der Besen *lehnt* an der Wand.

leeren
Linda *leert* den Abfall in den Mülleimer.

aufessen
Die Maus *ißt* den Käse *auf.*

umbinden
Gabi *bindet* Hans eine Schürze *um.*

entkommen
Die Maus *entkommt* der Katze.

verjagen
Die Katze *verjagt* die Mäuse.

bügeln
Britta *bügelt* Handtücher.

wischen
Willi *wischt* den Boden.

beschmutzen
Der Hund *beschmutzt* den Boden.

abtrocknen
Tina *trocknet* die Teller *ab.*

abfließen
Das Spülwasser *fließt ab.*

spülen
Mutter *spült* das Geschirr.

einräumen
Eddi *räumt* die Tassen *ein.*

zerbrechen
Ein Teller *zerbricht.*

zusammenkehren
Katja *kehrt* die Scherben *zusammen.*

abräumen
Rudi *räumt* den Tisch *ab.*

sortieren
Stefan *sortiert* das Besteck.

klappern
Rudi *klappert* mit dem Geschirr.

auffüllen
Frank *füllt* den Zucker *auf.*

Im Kindergarten

bimmeln
Britta *bimmelt* mit der Glocke.

lärmen
Die Kinder *lärmen.*

auskippen
Katja *kippt* die Spielkiste *aus.*

vorlesen
Die Kindergärtnerin *liest* ein Märchen *vor.*

sitzen
Sandra *sitzt* auf einem Hocker.

vermissen
Veronika *vermißt* ihre Puppe.

kauern
Veronika *kauert* in der Ecke.

zuhören
Die Kinder *hören zu.*

schweben
Der Papierflieger *schwebt* durch den Raum.

gruppieren
Gabi *gruppiert* die Tiere.

knien
Gabi *kniet* auf dem Boden.

falten
Frank *faltet* einen Papierflieger.

anhängen
Hans *hängt* einen Waggon *an.*

foppen
Frank *foppt* Veronika.

grinsen
Gabi *grinst* über beide Backen.

verlängern
Veronika *verlängert* die Eisenbahnstrecke.

bestehen
Der Zug *besteht* aus vielen Waggons.

aufklappen
Klaus *klappt* das Bilderbuch *auf.*

modellieren
Markus *modelliert* mit Knetmasse.

anschauen
Er *schaut* sich die Bilder *an.*

vergleichen
Veronika *vergleicht* die Laternen.

basteln
Britta *bastelt* eine Laterne.

betreuen
Die Kindergärtnerin *betreut* die Kinder.

umkippen
Klaus *kippt* mit dem Stuhl *um.*

In der Schule

kritzeln
Katja *kritzelt* auf das Blatt.

anfangen
Der Unterricht *fängt* um 8 Uhr *an.*

spitzen
Sandra *spitzt* die Farbstifte.

ordnen
Oskar *ordnet* die Stifte nach Farben.

ankreuzen
Klaus *kreuzt* die richtige Antwort *an.*

addieren
Anja *addiert* die Zahlen.

konzentrieren
Klaus *konzentriert* sich.

ausrechnen
Anja *rechnet* das Ergebnis *aus.*

reinigen
Rudi *reinigt* die Tafel.

radieren
Rudi *radiert* die Schrift weg.

leihen
Hans *leiht* Linda ein Buch.

gehören
Das Buch *gehört* Hans.

wissen
Willi *weiß* die Uhrzeit.

melden
Willi *meldet* sich.

ausmalen
Markus *malt* den Kreis *aus*.

aufrufen
Der Lehrer *ruft* Willi *auf*.

erklären
Der Lehrer *erklärt* die Uhr.

korrigieren
Stefan *korrigiert* einen Fehler.

ausstreichen
Stefan *streicht* die Zahlen *aus*.

rechnen
Rudi *rechnet* mi- den Fingern.

zuflüstern
Frank *flüstert* Rudi etwas *zu*.

aufschlagen
Sandra *schlägt* das Heft *auf*.

schreiben
Sandra *schreibt* in ihr Schulheft.

buchstabieren
Der Lehrer *buchstabiert* das Wort.

unterrichten
Der Lehrer *unterrichtet* die Schüler.

reimen
Maus *reimt* sich auf Haus.

Sport und Spiel

trainieren
Toni *trainiert* mit Tina.

turnen
Tina *turnt* auf dem Boden.

boxen
Markus *boxt* mit Oskar.

hüpfen
Hans *hüpft* Seil.

anpfeifen
Der Schiedsrichter *pfeift* das Spiel *an*.

kicken
Klaus *kickt* den Ball.

starten
Stefan *startet* gleichzeitig mit Hans.

anstrengen
Stefan *strengt* sich *an*, um Hans einzuholen.

einholen
Hans *holt* Gabi *ein*.

rennen
Die Kinder *rennen* um die Wette.

stemmen
Stefan *stemmt* Gewichte.

schwitzen
Stefan *schwitzt* unter den Armen.

fechten
Frank *fechtet* mit Hans.

spielen
Frank und Stefan *spielen* Fußball.

schießen
Stefan *schießt* ein Tor.

foulen
Frank *foult* Stefan.

abwehren
Willi *wehrt* den Ball *ab*.

grölen
Die Zuschauer *grölen*.

anfeuern
Frank *feuert* die Läufer *an*.

besiegen
Britta *besiegt* alle.

gewinnen
Gabi *gewinnt* den zweiten Platz.

flitzen
Der Hund *flitzt* an Gabi vorbei.

ehren
Eddi *ehrt* die Sieger.

Ein Kostümfest

zerzausen
Frank *zerzaust* seine Haare.

färben
Frank *färbt* sich die Haare.

kostümieren
Katja *kostümiert* sich als Prinzessin.

krönen
Katja *krönt* den König.

verkleiden
Veronika *verkleidet* sich als Gespenst.

erschrecken
Das Gespenst *erschreckt* Linda.

lachen
Linda *lacht* über das Gespenst.

kugeln
Linda *kugelt* sich am Boden.

überstülpen
Stefan *stülpt* sich die Zebramaske *über*.

blasen
Britta *bläst* die Trompete.

tanzen
Katja *tanzt* mit Klaus.

fiedeln
Frank *fiedelt* auf der Geige.

schauspielern
Die Kinder *schauspielern* auf der Bühne.

ankleben
Anja *klebt* sich einen Bart *an*.

verehren
Der Prinz *verehrt* die Prinzessin.

nachahmen
Anja *ahmt* Charly Chaplin *nach*.

schminken
Sandra *schminkt* sich das Gesicht.

verändern
Markus *verändert* sein Aussehen.

maskieren
Markus *maskiert* sich als Clown.

stecken
Sandra *steckt* Hans ein Kissen in die Hose.

trommeln
Toni *trommelt* auf der großen Trommel.

musizieren
Markus *musiziert* mit Toni.

mimen
Markus *mimt* einen Gitarrenspieler.

verwandeln
Veronika *verwandelt* sich in eine Hexe.

Im Wilden Westen

bewachen
Britta *bewacht* den Schatz.

bewaffnen
Britta *bewaffnet* sich mit zwei Pistolen.

verteidigen
Britta *verteidigt* den Schatz.

angreifen
Gabi *greift* Britta *an*.

reiten
Rudi *reitet* auf dem Pferd.

wiehern
Das Pferd *wiehert*.

erspähen
Eddi *erspäht* die Postkutsche.

lauern
Linda *lauert* hinter dem Kaktus.

schwingen
Frank *schwingt* das Lasso.

einfangen
Frank *fängt* Sandra mit dem Lasso *ein*.

schnitzen
Sandra *schnitzt* Pfeile.

rauchen
Petra *raucht* die Friedenspfeife.

satteln
Stefan *sattelt* das Pferd.

fesseln
Frank *fesselt* Sandra an den Pfahl.

befreien
Britta *befreit* Sandra.

überfallen
Rudi *überfällt* die Postkutsche.

kutschieren
Katja *kutschiert* die Postkutsche.

knallen
Katja *knallt* mit der Peitsche.

ausrauben
Anja *raubt* die Postkutsche *aus*.

anschleichen
Anja *schleicht* sich *an*.

abführen
Andi *führt* Eddi *ab*.

ergeben
Eddi *ergibt* sich dem Sheriff.

kämpfen
Katja *kämpft* mit Rudi.

Im Garten spielen

fangen
Frank *fängt* den Ball.

zuwerfen
Markus *wirft* Frank den Ball *zu*.

schütten
Sandra *schüttet* Wasser in das Becken.

planschen
Petra *planscht* im Wasser.

jauchzen
Julia *jauchzt* vor Freude.

anspritzen
Andi *spritzt* Linda mit Wasser *an*.

schmunzeln
Stefan *schmunzelt* über Willi.

wundern
Willi *wundert* sich, weil kein Wasser kommt.

prickeln
Das Wasser *prickelt* auf der Haut.

stehen
Stefan *steht* auf dem Gartenschlauch.

weglaufen
Linda *läuft weg*.

klemmen
Der Ball *klemmt* zwischen den Zaunlatten.

reißen
Das Seil *reißt* in der Mitte.

ziehen
Oskar *zieht* am Seil.

tasten
Toni *tastet* nach Willi.

ausweichen
Willi *weicht aus.*

ausfransen
Das Seilende *franst aus.*

verbinden
Veronika *verbindet* Tina die Augen.

trampeln
Toni *trampelt* in das Gemüsebeet.

stechen
Die Biene *sticht* Klaus.

wühlen
Der Maulwurf *wühlt* in der Erde.

schreien
Klaus *schreit* vor Schmerz.

knoten
Klaus *knotet* das Seil.

anschwellen
Die Stichwunde *schwillt an.*

Im Garten arbeiten

blühen
Die Rose *blüht* rot.

wachsen
Die Rose *wächst* vor dem Gartenzaun.

düngen
Doris *düngt* den Boden.

graben
Gabi *gräbt* ein Loch.

rechen
Rudi *recht* das Gras zusammen.

mähen
Markus *mäht* den Rasen.

aufladen
Linda *lädt* das Gras *auf*.

aufrollen
Rudi *rollt* den Gartenschlauch *auf*.

beseitigen
Britta *beseitigt* das Unkraut.

ausrupfen
Anja *rupft* das Unkraut *aus*.

jäten
Julia *jätet* Unkraut.

wuchern
Die Hecke *wuchert* über den Zaun.
pflanzen
Petra *pflanzt* einen Baum.
arbeiten
Vater *arbeitet* im Garten.
verscheuchen
Die Vogelscheuche *verscheucht* die Vögel.
vergrößern
Vater *vergrößert* das Gemüsebeet.
abgrenzen
Anja *grenzt* das Beet *ab*.
säen
Sandra *sät* Karotten.
gießen
Gabi *gießt* die Pflanzen.
summen
Die Biene *summt*.
umtopfen
Tina *topft* eine Pflanze *um*.
sickern
Das Wasser *sickert* in den Boden.
holen
Hans *holt* Wasser.

Im Hof

wegnehmen
Veronika *nimmt* Willi den Eimer *weg.*

waschen
Willi *wäscht* das Auto.

verdienen
Willi *verdient* sich eine Mark.

verstecken
Veronika *versteckt* den Eimer.

zwicken
Sandra *zwickt* eine Klammer an Rudis Pullunder.

aufhängen
Mutter *hängt* die Wäsche *auf.*

prallen
Der Ball *prallt* gegen die Wand.

reichen
Rudi *reicht* Mutter eine Wäscheklammer.

flicken
Frank *flickt* den Schlauch.

ölen
Oskar *ölt* das Fahrrad.

schmieren
Oskar *schmiert* sich Öl an den Pullover.

aufpumpen
Petra *pumpt* den Reifen *auf.*

abmontieren
Markus *montiert* den Gepäckträger *ab.*

abspritzen
Vater *spritzt* mit dem Gartenschlauch das Auto *ab.*

entrümpeln
Eddi *entrümpelt* die Garage.

ausklopfen
Klaus *klopft* den Teppich *aus.*

kehren
Katja *kehrt* den Hof.

abholen
Der Müllmann *holt* den Abfall *ab.*

renovieren
Die Kinder *renovieren* die Hundehütte.

abschaben
Anja *schabt* die alte Farbe *ab.*

eintauchen
Tina *taucht* den Pinsel *ein.*

umfallen
Der Farbeimer *fällt um.*

abdecken
Doris *deckt* den Boden mit Zeitungspapier *ab.*

streichen
Stefan *streicht* das Dach.

Basteln und Werken

anzeichnen
Anja *zeichnet* die Länge *an.*

verkürzen
Vater *verkürzt* die Stuhlbeine.

sägen
Vater *sägt* die Stuhlbeine ab.

bohren
Britta *bohrt* Löcher in ein Brett.

verletzen
Veronika *verletzt* sich an einem Nagel.

entfernen
Eddi *entfernt* den rostigen Nagel.

hobeln
Hans *hobelt* das Holzbrett.

spachteln
Sandra *spachtelt* die Löcher in der Wand zu.

anrühren
Rudi *rührt* den Kleister *an.*

kleistern
Katja *kleistert* die Tapete *ein.*

ausmessen
Markus *mißt* die Höhe *aus*.

befestigen
Stefan *befestigt*
mit Andi
die Schranktüre.

leimen
Linda *leimt* Bauklötze
zusammen.

schrauben
Stefan *schraubt* das
Scharnier fest.

erneuern
Hans und Britta *erneuern*
die Deckplatte.

abschleifen
Sandra *schleift* das
Holzbrett *ab*.

hämmern
Hans *hämmert* mit
dem Hammer.

beizen
Britta *beizt* das
Holz dunkel.

nageln
Willi *nagelt*
einen Nagel in
die Wand.

tapezieren
Toni *tapeziert*
die Wand.

aufhängen
Hans *hängt* das
Bild *auf*.

Beim Einkaufen

eröffnen
Ein neues Geschäft wird *eröffnet*.

ausstellen
Das Geschäft *stellt* Schuhe im Schaufenster *aus*.

betreten
Britta *betritt* das Schuhgeschäft.

mitkommen
Katja *kommt mit*.

bedienen
Die Verkäuferin *bedient* Petra.

anprobieren
Petra *probiert* ein Paar Schuhe *an*.

kaufen
Katja *kauft* eine Flasche Orangensaft.

nehmen
Katja *nimmt* eine Flasche aus dem Regal.

informieren
Mutter *informiert* sich über Kaffeemaschinen.

tragen
Mutter *trägt* einen großen Korb.

beraten
Die Verkäuferin *berät* die Kunden.

empfehlen
Sie *empfiehlt* eine preiswerte Kaffeemaschine.

gehen
Gabi *geht* zum Einkaufen.

grüßen
Der Obsthändler *grüßt* Gabi.

begleiten
Britta *begleitet* Gabi.

anbinden
Britta *bindet* den Hund *an*.

wedeln
Der Hund *wedelt* mit dem Schwanz.

auswiegen
Der Obsthändler *wiegt* die Tomaten *aus*.

ausgeben
Gabi *gibt* Geld für Tomaten *aus*.

bezahlen
Britta *bezahlt* an der Kasse.

verlassen
Veronika *verläßt* das Geschäft.

vergessen
Veronika *vergißt* den Geldbeutel an der Kasse.

auswählen
Willi *wählt* Bonbons *aus*.

eintippen
Die Frau an der Kasse *tippt* die Preise *ein*.

anstellen
Stefan *stellt* sich an der Kasse *an*.

zupfen
Willi *zupft* Britta am Ärmel.

kassieren
Dann *kassiert* sie das Geld.

Büro und Post

tippen
Tina *tippt* einen Brief.

abhaken
Hans *hakt* die Liste *ab*.

verwenden
Er *verwendet* einen roten Kugelschreiber.

lochen
Linda *locht* die Formulare.

kopieren
Katja *kopiert* die Akten.

notieren
Tina *notiert* eine Nummer.

telefonieren
Tina *telefoniert* mit dem Chef.

ausfüllen
Frank *füllt* Formulare *aus*.

einwerfen
Willi *wirft* Briefe *ein*.

entleeren
Eddi *entleert* den Briefkasten.

stempeln
Stefan *stempelt* die Briefmarken.

abheften
Andi *heftet* die Akten *ab.*

aufkleben
Katja *klebt* Etiketten *auf.*

nummerieren
Katja *nummeriert* die Ordner.

klopfen
Klaus *klopft* an die Tür.

heften
Hans *heftet* die Blätter zusammen.

zukleben
Frank *klebt* Kuverts *zu*

zusammenfalten
Frank *faltet* den Brief *zusammen.*

frankieren
Britta *frankiert* den Brief.

beschriften
Britta *beschriftet* die Kuverts.

fletschen
Der Hund *fletscht* die Zähne.

knurren
Der Hund *knurrt* den Postboten an.

einsortieren
Sandra *sortiert* die Post *ein.*

austragen
Toni *trägt* die Briefe *aus.*

Auf der Strasse

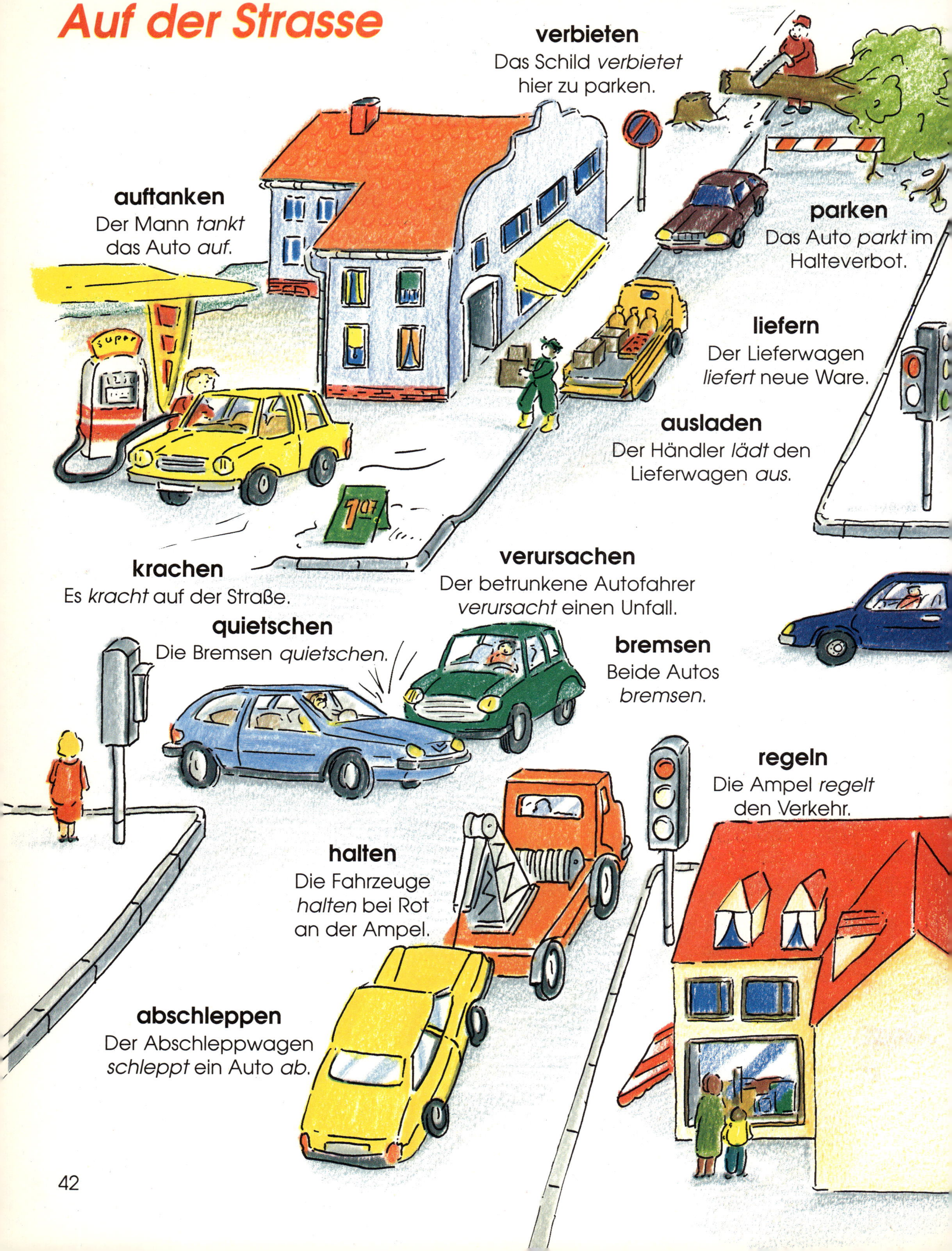

verbieten
Das Schild *verbietet* hier zu parken.

auftanken
Der Mann *tankt* das Auto *auf*.

parken
Das Auto *parkt* im Halteverbot.

liefern
Der Lieferwagen *liefert* neue Ware.

ausladen
Der Händler *lädt* den Lieferwagen *aus*.

krachen
Es *kracht* auf der Straße.

verursachen
Der betrunkene Autofahrer *verursacht* einen Unfall.

quietschen
Die Bremsen *quietschen*.

bremsen
Beide Autos *bremsen*.

regeln
Die Ampel *regelt* den Verkehr.

halten
Die Fahrzeuge *halten* bei Rot an der Ampel.

abschleppen
Der Abschleppwagen *schleppt* ein Auto *ab*.

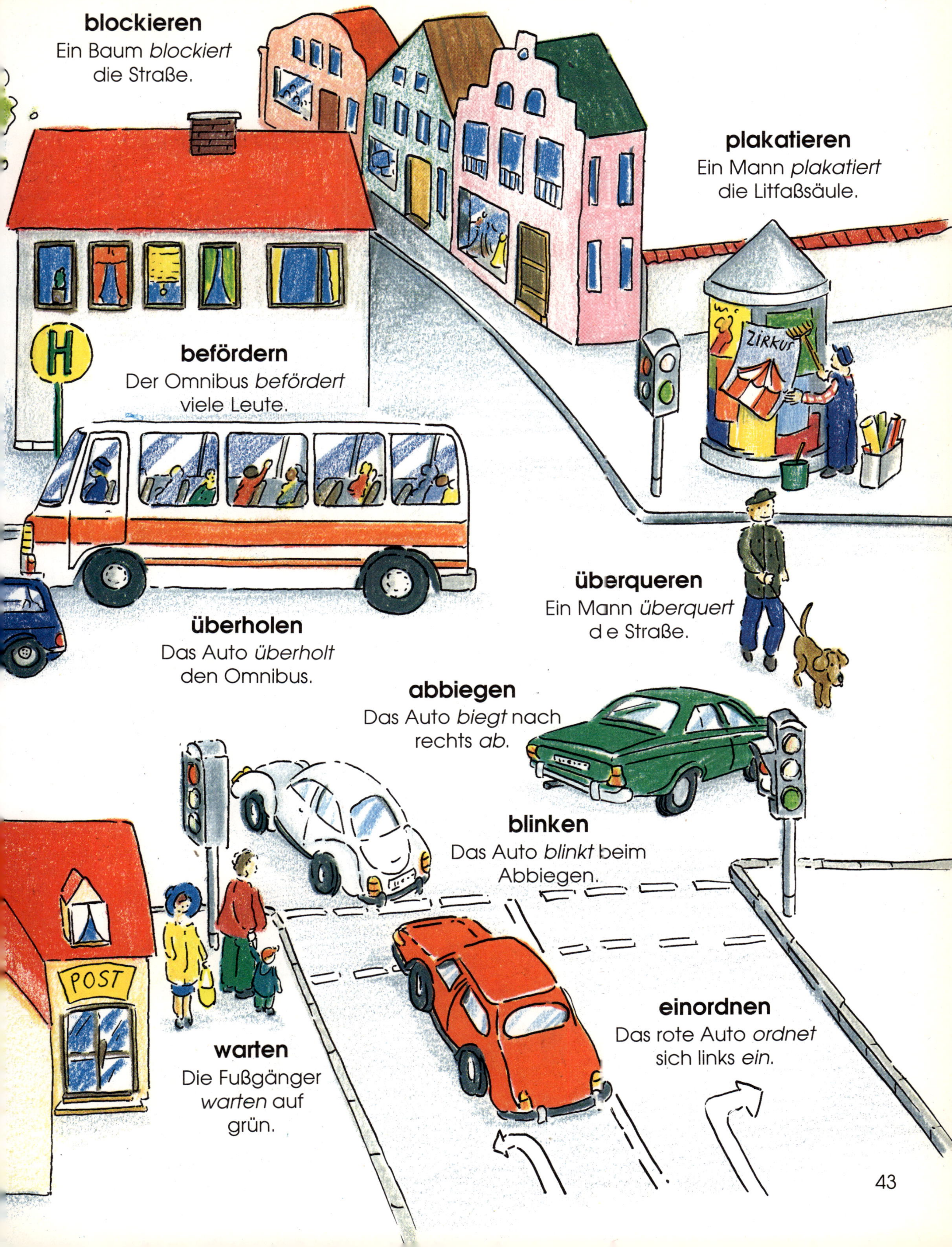

blockieren
Ein Baum *blockiert* die Straße.

plakatieren
Ein Mann *plakatiert* die Litfaßsäule.

befördern
Der Omnibus *befördert* viele Leute.

überqueren
Ein Mann *überquert* d e Straße.

überholen
Das Auto *überholt* den Omnibus.

abbiegen
Das Auto *biegt* nach rechts *ab*.

blinken
Das Auto *blinkt* beim Abbiegen.

einordnen
Das rote Auto *ordnet* sich links *ein*.

warten
Die Fußgänger *warten* auf grün.

Auf der Baustelle

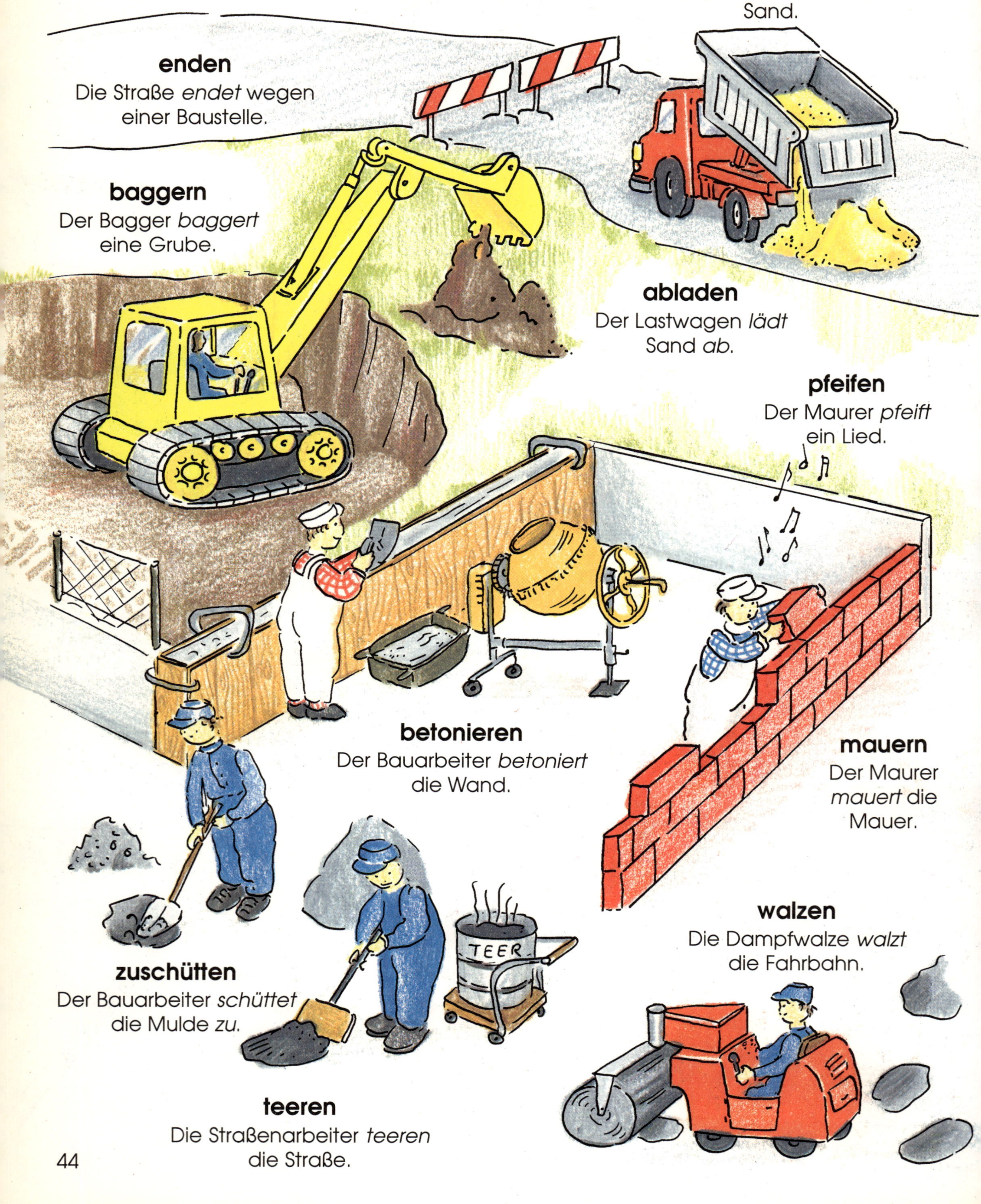

transportieren
Der Lastwagen *transportiert* Sand.

enden
Die Straße *endet* wegen einer Baustelle.

baggern
Der Bagger *baggert* eine Grube.

abladen
Der Lastwagen *lädt* Sand *ab*.

pfeifen
Der Maurer *pfeift* ein Lied.

betonieren
Der Bauarbeiter *betoniert* die Wand.

mauern
Der Maurer *mauert* die Mauer.

walzen
Die Dampfwalze *walzt* die Fahrbahn.

zuschütten
Der Bauarbeiter *schüttet* die Mulde *zu*.

teeren
Die Straßenarbeiter *teeren* die Straße.

Bei der Feuerwehr

brennen
Das Dach *brennt.*

lodern
Die Flammen *lodern.*

absperren
Der Feuerwehrmann *sperrt* die Straße *ab.*

rufen
Die Frau *ruft* um Hilfe.

herunterspringen
Der Mann *springt herunter.*

anschließen
Der Feuerwehrmann *schließt* den Schlauch *an.*

löschen
Der Feuerwehrmann *löscht* die Flammen.

fliehen
Frank *flieht* vor den Flammen.

ausfahren
Der Feuerwehrhauptmann *fährt* die Leiter *aus.*

kommandieren
Der Feuerwehrhauptmann *kommandiert.*

spannen
Die Feuerwehrmänner *spannen* das Sprungtuch.

retten
Die Feuerwehrmänner *retten* die Leute.

Im Park

joggen
Julia *joggt* im Park.

folgen
Der Hund *folgt* dem Mädchen.

finden
Frank *findet* eine Münze.

versperren
Veronika *versperrt* den Weg.

ausruhen
Rudi *ruht* sich auf der Parkbank *aus*.

radeln
Rudi *radelt* im Park.

unterhalten
Rudi *unterhält* sich mit Toni.

laufen
Linda *läuft* Rollschuhe.

zerren
Der Hund *zerrt* an der Leine.

beschnuppern
Er *beschnuppert* den anderen Hund.

sprudeln
Das Wasser *sprudelt* im Springbrunnen.

führen
Frank *führt* den Hund spazieren.

gurren
Die Tauben *gurren*.

servieren
Der Kellner *serviert* das Eis.

heiraten
Der Bräutigam *heiratet* die Braut.

bestellen
Britta *bestellt* ein Eis.

pinkeln
Der Pudel *pinkelt* an den Baum.

schieben
Sandra *schiebt* den Kinderwagen.

flattern
Der Schmetterling *flattert* von Blüte zu Blüte.

zerkrümeln
Katja *zerkrümelt das* Brot.

picken
Die Tauben *picken* die Brösel auf.

Auf dem Spielplatz

anschubsen
Anja *schubst* Oskar *an.*

hochheben
Hans *hebt* Steine *hoch.*

stupsen
Sandra *stupst* Britta am Arm.

bremsen
Britta *bremst* mit den Füßen.

trauen
Toni *traut* sich, freihändig zu sitzen.

aufpassen
Petra *paßt* auf das Baby *auf.*

klettern
Katja *klettert* auf das Klettergerüst.

nuckeln
Das Baby *nuckelt* an seinem Schnuller.

buddeln
Britta *buddelt* im Sandkasten.

schaukeln
Sandra *schaukelt* auf der Schaukel.

rutschen
Doris *rutscht* die Rutsche hinunter.

steigen
Stefan *steigt* die Stufen hinauf.

fahren
Frank *fährt* Roller.

verknittern
Doris *verknittert* ihr Kleid.

loslassen
Linda *läßt* den Luftballon *los.*

beschäftigen
Klaus *beschäftigt* sich mit seinem Kran.

abstossen
Andi *stößt* sich vom Boden *ab.*

wippen
Willi *wippt* mit Andi.

formen
Frank *formt* einen Sandkuchen.

hocken
Hans *hockt* auf dem Boden.

rollen
Die Murmel *rollt* in die Mulde.

Im Tierpark

brüllen
Der Löwe *brüllt*.

zischeln
Die Schlange *zischelt* mit der Zunge.

nähern
Der Junge *nähert* sich dem Gehege.

zuhalten
Hans *hält* sich die Nase *zu*.

plappern
Der Papagei *plappert* Wörter nach.

fotografieren
Frank *fotografiert* die Giraffe.

fressen
Die Giraffe *frißt* Blätter vom Baum.

streicheln
Sandra *streichelt* das Pony.

versorgen
Der Wärter *versorgt* die Tiere.

schnappen
Der Seehund *schnappt* nach einem Fisch.

wackeln
Der Elefant *wackelt* mit den Ohren.

entlausen
Die Affenmutter *entlaust* ihr Junges.

besuchen
Mutter und Petra *besuchen* den Zoo.

beugen
Britta *beugt* sich über das Geländer.

baumeln
Der Fotoapparat *baumelt* in das Gehege.

verkriechen
Die Schildkröte *verkriecht* sich.

verschlingen
Das Krokodil *verschlingt* den Fotoapparat.

stinken
Das Stinktier *stinkt*.

beobachten
Gabi *beobachtet* die Tiere.

nagen
Der Biber *nagt* an einem Holzpfahl.

anlocken
Linda *lockt* das Pony mit Zucker *an*.

knabbern
Das Streifenhörnchen *knabbert* an einer Nuß.

Im Zirkus

wohnen
Die Zirkusleute *wohnen* in Zirkuswägen.

abreißen
Die Frau *reißt* die Eintrittskarten *ab*.

begrüßen
Der Direktor *begrüßt* das Publikum.

ankündigen
Der Direktor *kündigt* den Zauberer *an*.

zwirbeln
Der Zauberer *zwirbelt* seinen Bart.

prüfen
Er *prüft* seinen Zylinder.

schreiten
Der Zauberer *schreitet* in die Manege.

zwinkern
Der Clown *zwinkert* mit dem Auge.

bändigen
Der Dompteur *bändigt* die Löwen.

jonglieren
Der Clown *jongliert* mit Bällen.

auftreten
Der Feuerschlucker *tritt* im Zirkus *auf*.

schlucken
Der Feuerschlucker *schluckt* das Feuer.

trillern
Der Clown *trillert* auf der Pfeife.

spreizen
Der Clown *spreizt* die Beine.

dressieren
Der Clown *dressiert* den Hund.

verschwinden
Das Kaninchen *verschwindet* im Hut.

erscheinen
Ein Blumenstrauß *erscheint*.

faszinieren
Der Zaubertrick *fasziniert* die Kinder.

staunen
Sandra *staunt* über den Zaubertrick.

klatschen
Die Kinder *klatschen* vor Begeisterung.

balancieren
Die Seiltänzerin *balanciert* auf dem Seil.

vorführen
Die Artistin *führt* Kunststücke *vor*.

applaudieren
Das Publikum *applaudiert*.

verbeugen
Die Artistin *verbeugt* sich.

Auf dem Rummelplatz

verlosen
Die Glückslotterie *verlost* die Preise.

werfen
Willi *wirft* den Ball nach den Büchsen.

treffen
Toni *trifft* die Büchsen in der Mitte.

verkaufen
Der Eisverkäufer *verkauft* Eis.

erlauben
Mutter *erlaubt* Rudi sich ein Eis zu kaufen.

zappeln
Tina *zappelt* vor Aufregung.

anzapfen
Der Wirt *zapft* das Bierfaß *an*.

ausschenken
Dann *schenkt* er das Bier *aus*.

lutschen
Linda *lutscht* an ihrem Eis.

schunkeln
Sandra *schunkelt* mit Veronika.

mitfahren
Markus *fährt* auf dem Karussell *mit*.

drehen
Das Karussell *dreht* sich im Kreis.

rösten
Die Standlfrau *röstet* Mandeln und Nüsse.

braten
Der Wurstverkäufer *brät* die Würste.

anbieten
Der Wurstverkäufer *bietet* Würste *an*.

aufsteigen
Stefan *steigt* auf das Pferd *auf*.

fassen
Frank *faßt* Sandra an der Hand.

zusammenstoßen
Die Autoscooter *stoßen zusammen*.

amüsieren
Andi *amüsiert* sich auf dem Rummelplatz

sträuben
Sandra *sträubt* sich mitzukommen.

marschieren
Ein Musikant *marschiert* über den Platz.

Mit dem Zug fahren

lösen
Linda *löst* eine Fahrkarte am Schalter.

entwerten
Der Mann am Schalter *entwertet* die Fahrkarte.

anzeigen
Die Tafel *zeigt* die Ankunft der Züge *an*.

ankommen
Der Zug *kommt an*.

reisen
Der Inder *reist* nach Indien.

fragen
Frank *fragt* nach der Uhrzeit.

antworten
Andi *antwortet*: "Es ist zehn nach sechs."

verlangen
Der Kontrolleur *verlangt* die Fahrkarten.

vorzeigen
Veronika *zeigt* die Fahrkarten *vor*.

konntrollieren
Er *kontrolliert* die Fahrkarten.

verstauen
Vater *verstaut* das Gepäck.

müssen
Markus *muß* auf die Toilette.

verspäten
Der Schnellzug *verspätet* sich um 10 Minuten.

abschirmen
Die Überdachung *schirmt* den Regen *ab*.

durchsagen
Der Schaffner *sagt* eine Verspätung *durch*..

erwischen
Der junge Mann *erwischt* gerade noch den Zug.

abfahren
Der Zug *fährt ab*.

verpassen
Der alte Mann *verpaßt* den Zug.

herausschauen
Ein Kind *schaut* aus dem Fenster *heraus*.

necken
Toni *neckt* Britta.

reden
Rudi *redet* mit Frank über Modelleisen-bahnen.

blättern
Britta *blättert* in einer Zeitschrift.

einnicken
Eddi *nickt* während der Zugfahrt *ein*..

Auf dem Bauernhof

krähen
Der Hahn *kräht*.

meckern
Die Ziege *meckert*.

ausmisten
Markus *mistet* den Stall *aus*.

beschützen
Die Henne *beschützt* ihre Küken.

piepsen
Das Küken *piepst*.

melken
Markus *melkt* die Kuh.

ausbrechen
Das schwarze Schaf *bricht aus*.

einzäunen
Der Bauer *zäunt* die Wiese *ein*.

verriegeln
Veronika *verriegelt* die Stalltür.

blöken
Das Schaf *blökt*.

hüten
Hans *hütet* die Schafe.

gackern
Die Hühner *gackern*.

grunzen
Die Schweine *grunzen*.

suhlen
Das Ferkel *suhlt* sich im Dreck.

quieken
Das kleine Ferkel *quiekt*.

brüten
Die Henne *brütet* Eier aus.

ausschlüpfen
Die Küken *schlüpfen aus*.

treiben
Toni *treibt* die Kühe in den Stall.

bellen
Der Wachhund *bellt*.

säugen
Die Katze *säugt* ihre Jungen.

abdichten
Andi *dichtet* das Stalldach *ab*.

pflügen
Der Bauer *pflügt* den Acker.

Verschiedene Berufe

backen
Der Bäcker *bäckt* Brot und Kuchen.

berichten
Der Nachrichtensprecher *berichtet* über Ereignisse.

besohlen
Der Schuster *besohlt* die alten Schuhe.

bewirten
Der Wirt *bewirtet* seine Gäste.

filmen
Der Kameramann *filmt* eine Szene.

frisieren
Die Friseuse *frisiert* die Kunden.

installieren
Der Klempner *installiert* den Wasserhahn.

interviewen
Der Reporter *interviewt* die Politiker.

planen
Der Architekt *plant* neue Häuser.

predigen
Der Pfarrer *predigt* in der Kirche.

reparieren
Der Mechaniker *repariert* das Auto.

schneidern
Die Schneiderin *schneidert* neue Kleider.

dirigieren
Der Dirigent *dirigiert* das Orchester.

einsetzen
Der Glaser *setzt* Fenster *ein.*

empfangen
Der Portier *empfängt* die Hotelgäste.

entwickeln
Der Fotolaborant *entwickelt* die Fotos.

kacheln
Der Fliesenleger *kachelt* den Boden.

lackieren
Der Lackierer *lackiert* das Auto.

massieren
Der Masseur *massiert* den Rücken.

pflegen
Die Krankenschwester *pflegt* die Patienten.

übersetzen
Der Dolmetscher *übersetzt* in eine andere Sprache.

verhaften
Der Polizist *verhaftet* die Verbrecher.

verlegen
Der Elektriker *verlegt* die Stromkabel.

züchten
Der Gärtner *züchtet* Blumen.

In den Urlaub fahren

vorbereiten
Britta *bereitet* den Reiseproviant *vor.*

diskutieren
Doris *diskutiert* mit dem Vater.

überlegen
Vater *überlegt* sich eine Fahrtroute.

wollen
Willi *will* an das Meer fahren.

winken
Die Nachbarn *winken.*

zusperren
Mutter *sperrt* die Haustüre *zu.*

schließen
Stefan *schließt* das Gartentor.

verabschieden
Veronika *verabschiedet* sich von den Nachbarn.

anhalten
Vater *hält* an einem Rastplatz *an.*

werfen
Willi *wirft* den Abfall in einen Behälter.

kurbeln
Katja *kurbelt* das Fenster herunter und lehnt sich hinaus.

packen
Mutter *packt* die Koffer.

zupressen
Petra *presst* den Deckel *zu.*

kümmern
Der Nachbar *kümmert* sich um die Katze.

überreichen
Katja *überreicht* die Katze dem Nachbarn.

anschnallen
Alle *schnallen* sich *an.*

abreisen
Die Familie *reist ab.*

zuklappen
Katja *klappt* die Heckklappe *zu.*

einsteigen
Stefan *steigt ein.*

verwirren
Das Straßenschild *verwirrt* den Vater.

brauchen
Vater *braucht* die Landkarte.

nachschauen
Er *schaut* den Weg *nach.*

entscheiden
Vater *entscheidet* sich für den kürzeren Weg.

Am Strand

eincremen
Mutter *cremt* die Kinder *ein.*

sieben
Sandra *siebt* den Sand.

schaufeln
Stefan *schaufelt* Sand in den Eimer.

schützen
Die Creme *schützt* vor Sonnenbrand.

auffallen
Der bunte Sonnenschirm *fällt auf.*

sonnen
Der dicke Mann *sonnt* sich den Bauch.

umschubsen
Stefan *schubst* Frank *um.*

wechseln
Willi *wechselt* die Badehose.

hinfallen
Frank *fällt hin.*

umkleiden
Katja *kleidet* sich *um.*

verfolgen
Veronika *verfolgt* die Fußspuren.

ausschütteln
Sandra *schüttelt* das Handtuch *aus.*

rieseln
Der Sand *rieselt* in die Schuhe.

aufsetzen
Sandra *setzt* ihren Sonnenhut *auf.*

anschwemmen
Das Wasser *schwemmt* ein Floß an.

entblößen
Eddi *entblößt* seinen Bauch.

ausbreiten
Britta *breitet* das Handtuch *aus.*

aufspannen
Vater *spannt* den Sonnenschirm *auf.*

weinen
Willi *weint.*

zerstören
Klaus *zerstört* die Sandburg.

wehen
Der Wind *weht* den Sonnenhut davon.

spenden
Der Sonnenschirm *spendet* Schatten.

genießen
Mutter *genießt* die Sonne.

hören
Hans *hört* Radio.

faulenzen
Frank *faulenzt* im Schatten.

Im Meer baden

segeln
Das Segelboot *segelt* zur Insel.

ansteuern
Das Segelboot *steuert* die Insel *an*.

steuern
Ein Mann *steuert* das Motorboot.

sausen
Der Wasserskifahrer *saust* über das Wasser.

rudern
Rudi *rudert* mit Tina zur Insel.

schwimmen
Sandra *schwimmt* hinterher.

plumpsen
Petra *plumpst* ins Wasser.

erfrischen
Eddi *erfrischt* sich im Wasser.

sinken
Das Spielzeugschiff *sinkt*.

schwenken
Willi *schwenkt* eine Piratenflagge.

schnorcheln
Stefan *schnorchelt* nach Muscheln.

waten
Willi *watet* durch das Wasser.

kreisen
Die Möwen *kreisen* am Himmel.
tuckern
Das Fischerboot *tuckert* aufs Meer hinaus.
auswerfen
Die Fischer *werfen* die Netze *aus*.
ankern
Das Fischerboot *ankert*.
glitzern
Das Wasser *glitzert* in der Sonne.
surfen
Sandra *surft*.
tauchen
Toni *taucht* nach Muscheln.
paddeln
Petra *paddelt* im Schlauchboot.
schwappen
Wasser *schwappt* ins Boot.
rauschen
Das Meer *rauscht*.
entdecken
Eddi *entdeckt* ein Seepferdchen.
branden
Die Wellen *branden* an den Felsen.

Beim Zelten

schleppen
Sandra *schleppt* den Zeltsack.

aufbauen
Britta *baut* mit Hans ein Zelt *auf*.

helfen
Hans *hilft* Britta das Zelt aufzubauen.

schleifen
Der Sack *schleift* auf dem Boden.

schlagen
Sandra *schlägt* die Zelthaken in den Boden.

zusammenbrechen
Das Zelt *bricht zusammen*.

festziehen
Frank *zieht* die Schnüre *fest*.

entfachen
Eddi *entfacht* das Lagerfeuer.

grillen
Vater *grillt* mit Willi Würste.

wenden
Willi *wendet* die Würste.

anbrennen
Die Würste *brennen an*.

glühen
Die Kohle *glüht*.

zusammenstecken
Stefan *steckt* die Zeltstangen *zusammen*.

zelten
Die Familie *zeltet* im Gebirge.

hineinkriechen
Katja *kriecht* in das Zelt *hinein*.

aufstellen
Stefan *stellt* eine Fahne *auf*.

brechen
Toni *bricht* den Ast auseinander.

ausrollen
Rudi *rollt* den Schlafsack *aus*.

streiten
Stefan *streitet* mit Britta um die Würste.

zusammenklappen
Katja *klappt* den Stuhl *zusammen*.

ballen
Britta *ballt* ihre Fäuste.

In den Bergen

wandern
Die Familie *wandert* im Gebirge.

schwirren
Mücken *schwirren* in der Luft.

zögern
Linda *zögert* über den Bach zu springen.

stolpern
Stefan *stolpert* über einen Stein.

rasten
Rudi *rastet* mit Katja am Bach.

krempeln
Katja *krempelt* die Hosenbeine hoch.

abkühlen
Katja *kühlt* sich die Füße im Bach *ab*.

fließen
Der Bach *fließt* ins Tal.

tummeln
Fische *tummeln* sich im Wasser.

durchqueren
Doris *durchquert* den Bach.

raffen
Sie *rafft* ihren Rock hoch.

entspannen
Mutter *entspannt* sich.

abkürzen
Die Bergsteiger *kürzen* den Weg *ab.*
überragen
Der höchste Berg *überragt* alle anderen.
erklimmen
Der Bergsteiger *erklimmt* den Gipfel.
springen
Sandra *springt* über den Bach.
greifen
Gabi *greift* nach einem Ast.
kraxeln
Gabi *kraxelt* auf einen Felsen.
einatmen
Alle *atmen* die frische Gebirgsluft *ein.*
abstützen
Der Wanderer *stützt* sich mit dem Stock *ab.*
jubeln
Julia *jubelt* vor Freude.
zwängen
Toni *zwängt* sich durch einen Felsspalt.

Ein Picknick

angeln
Andi angelt mit einer Angelrute.
fischen
Frank fischt einen Fisch aus dem Wasser.
spiegeln
Frank spiegelt sich im Wasser.
quaken
Die Frösche quaken.
herausnehmen
Mutter nimmt die Brote aus dem Korb heraus.
watscheln
Eine Ente watschelt zum Teich.
trippeln
Die Entchen trippeln hinterher.
landen
Der Ball landet in der Salatschüssel.
plaudern
Petra plaudert mit Tina.
abschlecken
Der Hund schleckt den Teller ab.
pflücken
Petra pflückt Beeren.

Im Herbst

bewegen
Die Blätter *bewegen* sich im Wind.

ernten
Eddi *erntet* rote Äpfel.

schütteln
Stefan *schüttelt* den Baum.

festhalten
Hans *hält* die Leiter *fest*.

lassen
Linda *läßt* ihren Drachen steigen.

aufforsten
Der Förster *forstet* den Wald mit jungen Bäumen *auf*.

färben
Das Laub *färbt* sich rot und gelb.

fällen
Der Holzfäller *fällt* einen Baum.

hoppeln
Der Hase *hoppelt* über das Feld.

wittern
Der Hund *wittert* einen Hasen.

suchen
Sandra *sucht* Pilze.

reifen
Der grüne Apfel *reift* noch am Baum.
verdecken
Die Regenwolke *verdeckt* die Sonne.
verfangen
Der Drachen *verfängt* sich im Baum.
wirbeln
Der Wind *wirbelt* die Blätter in die Luft.
schnüffeln
Der Hund *schnüffelt* im Laub.
rascheln
Ein Igel *raschelt* im Laub.

biegen
Die Bäume *biegen* sich im Wind.
fegen
Der Wind *fegt* die Blätter vom Baum.
stürzen
Stefan *stürzt* über einen Baumstamm
entwurzeln
Der Wind *entwurzelt* einen Baum.
hacken
Hans *hackt* Holz.

Ein Fest vorbereiten

ausplaudern
Petra *plaudert* das Geheimnis *aus.*

anvertrauen
Veronika *vertraut* Petra ein Geheimnis *an.*

binden
Britta *bindet* eine Schleife.

verpacken
Veronika *verpackt* ein Geschenk.

einwickeln
Willi *wickelt* das Geschenk *ein.*

aufblasen
Andi *bläst* Luftballons *auf.*

ausschneiden
Sandra *schneidet* eine Figurenkette *aus.*

zunehmen
Der Luftballon *nimmt* an Größe *zu.*

albern
Anja *albert* mit Katja.

kichern
Katja *kichert* über Anjas Grimassen.

platzen
Der Luftballon *platzt.*

dekorieren
Doris *dekoriert* das Zimmer.

einladen
Linda *lädt* viele Freunde *ein.*

verschicken
Sie *verschickt* Einladungskarten.

unterschreiben
Linda *unterschreibt* die Einladungen.

fallen
Frank *fällt* von der Leiter.

assistieren
Anja *assistiert* Doris beim Dekorieren.

anzünden
Mutter *zündet* die Kerzen *an.*

entkorken
Eddi *entkorkt* die Weinflasche.

verzieren
Veronika *verziert* die Geburtstagstorte.

zählen
Stefan *zählt* die Kerzen auf der Torte.

zerkauen
Der Hund *zerkaut* eine Kerze.

Geburtstag feiern

ausziehen
Anja *zieht* ihren Mantel *aus*.

mitbringen
Jedes Kind *bringt* ein Geschenk *mit*.

bekommen
Linda *bekommt* von Gabi ein Geschenk.

gratulieren
Gabi *gratuliert* Linda zum Geburtstag.

hereinlassen
Linda *läßt* Klaus *herein*.

küssen
Klaus *küßt* Linda auf die Backe.

erröten
Linda *errötet*, weil Klaus sie geküßt hat.

überraschen
Der Schachtelteufel *überrascht* Linda.

hereintragen
Vater *trägt* die Geburtstagstorte *herein*.

ausblasen
Linda *bläst* die Kerzen *aus*.

anschneiden
Mutter *schneidet* die Torte *an*.

auspacken
Linda *packt* die Geschenke *aus.*

freuen
Linda *freut* sich über die Puppe.

herzeigen
Linda *zeigt* die neue Puppe *her.*

umarmen
Linda *umarmt* Anja.

schenken
Sandra *schenkt* Linda einen Blumenstrauß.

bedanken
Linda *bedankt* sich für den Blumenstrauß.

duften
Die Blumen *duften* gut.

riechen
Rudi *riecht* am Blumenstrauß.

vorstellen
Linda *stellt* die Kinder *vor.*

nicken
Stefan *nickt* mit dem Kopf.

feiern
Linda *feiert* mit den Kindern ihren Geburtstag.

anstoßen
Anja *stößt* mit Linda *an.*

Weihnachten feiern

singen
Sandra *singt* ein Weihnachtslied.

schmücken
Vater *schmückt* den Weihnachtsbaum.

glänzen
Die Christbaumkugel *glänzt*.

knacken
Katja *knackt* Nüsse.

nadeln
Der Weihnachtsbaum *nadelt*.

versammeln
Die Familie *versammelt* sich um den Baum.

paffen
Vater *pafft* eine Zigarre.

zittern
Großmutter *zittert* vor Freude.

verteilen
Mutter *verteilt* die Geschenke.

stürmen
Stefan *stürmt* zu den Päckchen.

schillern
Das festliche Kleid *schillert* in vielen Farben.

auspusten
Petra *pustet* eine Kerze *aus.*

glauben
Die Kinder *glauben* an das Christkind.

erzählen
Mutter *erzählt* eine Weihnachtsgeschichte.

heizen
Das Feuer im Kamin *heizt* das Zimmer.

lauschen
Linda *lauscht* gespannt der Weihnachtsgeschichte.

aufsagen
Sandra *sagt* ein Gedicht *auf.*

verbergen
Veronika *verbirgt* ein Geschenk hinter ihrem Rücken.

bewundern
Britta *bewundert* den Weihnachtsbaum.

ticken
Die große Standuhr *tickt* laut.

aufreißen
Rudi *reißt* das Päckchen *auf.*

Im Winter

schneien
Es *schneit* dicke Schneeflocken.

skilaufen
Oskar *läuft Ski*.

lernen
Linda *lernt* Skifahren.

hineindrücken
Doris *drückt* dem Schneemann eine Karottennase *hinein*.

bewerfen
Britta *bewirft* den Schneemann mit Schneebällen.

bauen
Willi *baut* einen Schneemann.

ducken
Doris *duckt* sich schnell.

niesen
Toni *niest*. Er hat eine Erkältung.

ausrutschen
Rudi *rutscht* auf dem Eis *aus*.

brechen
Das Eis *bricht*.

gleiten
Gabi *gleitet* auf Schlittschuhen über das Eis.

gefrieren
Das Wasser *gefriert* zu Eis.

rodeln
Rudi *rodelt* mit dem Schlitten.

lenken
Klaus *lenkt* den Schlitten mit den Füßen.

qualmen
Der Schornstein *qualmt*.

räumen
Vater *räumt* die Straße.

schippen
Stefan *schippt* Schnee.

streuen
Markus *streut* Sand auf den Weg.

frieren
Frank *friert* ohne seinen Anorak.

stapfen
Sandra *stapft* durch den Schnee.

vermummen
Veronika *vermummt* sich gegen die Kälte.

vergraben
Der Hund *vergräbt* den Knochen im Schnee.

Krank sein

verarzten
Veronika *verarztet* Britta.

kleben
Sie *klebt* ein Pflaster auf die Wunde.

bluten
Britta *blutet* am Finger.

schneuzen
Stefan *schneuzt* sich die Nase.

winseln
Der Hund *winselt*.

empfinden
Eddi *empfindet* Schmerzen.

jammern
Eddi *jammert* über Schmerzen.

sprechen
Mutter *spricht* mit dem Arzt.

verordnen
Der Arzt *verordnet* eine Medizin.

husten
Hans *hustet* heftig.

einnehmen
Hans *nimmt* Hustensaft *ein*.

herausstrecken
Stefan *streckt* die Zunge *heraus*.

untersuchen
Der Arzt *untersucht* Stefan.

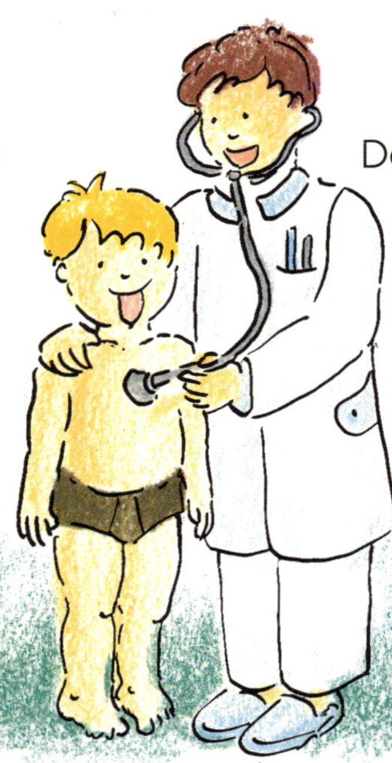

abhorchen
Der Arzt *horcht* das Herz *ab*.

humpeln
Vater *humpelt* zum Stuhl.

hinken
Der Hund *hinkt*.

stützen
Sandra *stützt* Vater.

bandagieren
Vater *bandagiert* sich den Knöchel.

messen
Mutter *mißt* Fieber.

heilen
Die Medizin *heilt* die Schmerzen.

wärmen
Die Wärmflasche *wärmt* die kalten Füße.

lindern
Der Tee *lindert* die Schmerzen.

bringen
Britta *bringt* eine Tasse Tee.

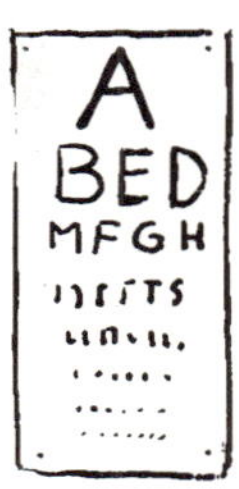

testen
Der Arzt *testet* Rudis Augen.

eingipsen
Der Arzt *gipst* Vaters Bein *ein*.

An einem Regentag

läuten
Das Telefon *läutet*.

abheben
Hans *hebt* den Hörer *ab*.

würfeln
Willi *würfelt* eine Sechs.

schmökern
Sandra *schmökert* in einem Buch.

üben
Linda *übt* auf dem Klavier.

austeilen
Tina *teilt* an die Mitspieler *aus*.

betrügen
Britta *betrügt* beim Kartenspiel.

ärgern
Vater *ärgert* sich über das Wetter.

rasseln
Das Baby *rasselt* mit der Rassel.

prasseln
Der Regen *prasselt* an die Fensterscheibe.

regnen
Heute *regnet* es.

schimpfen
Stefan *schimpft* die Katze.

zerkratzen
Die Katze *zerkratzt* die Vorhänge.

auflegen
Britta *legt* den Hörer *auf*.

beenden
Britta *beendet* das Telefongespräch.

kegeln
Katja *kegelt* mit Klaus.

sparen
Sandra *spart* ihr Taschengeld.

schlachten
Stefan *schlachtet* sein Sparschwein.

abschalten
Anja *schaltet* das Radio *ab*.

fernsehen
Sandra *sieht fern*.

umschalten
Stefan *schaltet um*.

zanken
Stefan *zankt* sich mit Sandra.

Hobbys

runzeln
Rudi *runzelt* die Stirn.

konstruieren
Klaus *konstruiert* eine Rakete.

rätseln
Rudi *rätselt* an einem Kreuzworträtsel.

abzeichnen
Andi *zeichnet* die Rakete *ab*.

weben
Willi *webt* einen Teppich.

auffädeln
Anja *fädelt* Perlen *auf*.

besticken
Mutter *bestickt* eine Tischdecke.

verschmieren
Veronika *verschmiert* ihr Bild.

malen
Markus *malt* Bilder.

vollenden
Linda *vollendet* ihr Bild.

mischen
Markus *mischt* Blau mit Gelb.

tröpfeln
Farbe *tröpfelt* auf den Boden.

ablösen
Linda *löst*
die Briefmarken *ab*.

sammeln
Stefan *sammelt*
Briefmarken.

interessieren
Ingo *interessiert* sich für
Stefans Briefmarken-
sammlung.

puzzeln
Petra *puzzelt*
ein Puzzle.

stopfen
Stefan *stopft* seine
Socken.

nähen
Tina *näht* ein
Puppenkleid.

stricken
Oma *strickt* einen Schal.

verheddern
Die Katze *verheddert*
sich in der Wolle.

auswaschen
Willi *wäscht* die Pinsel *aus*.

knüllen
Katja *knüllt* das
Papier zusammen.

errichten
Eddi *errichtet* einen Turm.

auftürmen
Tina *türmt* die Bau-
klötzchen *auf*.

Ordnung machen

kramen
Katja *kramt* in einer Kiste.

aufregen
Mutter *regt* sich über die Unordnung *auf*.

herumliegen
Die Spielsachen *liegen herum*.

aufräumen
Rudi *räumt* das Puzzle *auf*.

pinnen
Petra *pinnt* die Zettel an die Pinnwand.

staubsaugen
Stefan *staubsaugt* den Teppich.

beziehen
Mutter *bezieht* die Betten neu.

abstauben
Stefan *staubt* das Regal *ab*.

spinnen
Die Spinne *spinnt* ein Netz.

fürchten
Linda *fürchtet* sich vor der Spinne.

beschädigen
Hans *beschädigt* das Spielzeugauto.

einsammeln
Sandra *sammelt* die Bauklötze *ein.*

bücken
Britta *bückt* sich nach den Bauklötzchen.

abwischen
Willi *wischt* den Tisch *ab.*

plazieren
Mutter *plaziert* die Vase auf der Kommode.

einrichten
Mutter *richtet* das Zimmer neu *ein.*

verschieben
Veronika *verschiebt* das Schränkchen.

loben
Mutter *lobt* die Kinder.

belohnen
Sie *belohnt* die Kinder mit Bonbons.

polieren
Petra *poliert* den Spiegel.

schmollen
Sandra *schmollt* in der Ecke.

Ins Bett gehen

untergehen
Die Sonne *geht unter.*

schlummern
Die Katze *schlummert* auf ihren Kissen.

aufziehen
Vater *zieht* die Standuhr *auf*.

wiegen
Mutter *wiegt* das Baby in den Schlaf.

leuchten
Die Laterne *leuchtet* in der Nacht.

funkeln
Ein Stern *funkelt* am Himmel.

knuddeln
Katja *knuddelt* ihren Teddybären.

herunterlassen
Linda *läßt* die Rolladen *herunter.*

zudecken
Mutter *deckt* Tina *zu*.

träumen
Tina *träumt* von der Katze.

gähnen
Gabi *gähnt*, weil sie müde ist.

toben
Tina *tobt* auf dem Bett herum.

machen
Markus *macht* mit Tina eine Kissenschlacht.

abnehmen
Andi *nimmt* die Brille *ab*.

legen
Er *legt* die Brille auf den Nachttisch.

torkeln
Tina *torkelt* ins Bett.

brennen
Die Wandlampe *brennt*.

schnarchen
Stefan *schnarcht*, weil er Schnupfen hat.

flüstern
Frank *flüstert* mit Eddi.

ausschalten
Vater *schaltet* das Licht *aus*.